Agenda dell'amicizia

a

....

....

con amicizia

Paoline

Un grammo
di amicizia vera
è più
importante
di una valanga
di onori.

C. Hilty

1 gennaio

2 gennaio

3 gennaio

4 gennaio

Non cercare
il tuo amico
con la lanterna,
ma con il cuore.

P. Rosegger

5 gennaio

6 gennaio

7 gennaio

Nell'amicizia
le parole
sono
importanti,
ma nel silenzio
i cuori
si uniscono.

8 gennaio

Paterno
Amico
Onesto
Lavoratore
Onorevole

9 gennaio

10 gennaio

11 gennaio

Quando
amate non dite:
«Ho Dio
nel cuore»,
ma piuttosto:
«Io sono
nel cuore
di Dio».

K. Gibran

12 gennaio

13 gennaio

14 gennaio

Il giorno in cui
non bruceremo
d'amore,
molti fratelli
moriranno
di freddo.

F. Muria

15 gennaio

16 gennaio

17 gennaio

18 gennaio

Essere amici
significa
sintonizzare
due voci
dal timbro
diverso.

19 gennaio

20 gennaio

21 gennaio

Costruisci
i ponti
invece
che i monti,
e avrai amici.

Proverbio

Chi possiede
un amico
affronta sicuro
la vita.

Libro del Siracide

22 gennaio

23 gennaio

24 gennaio

Quando
l'amico tace
il vostro cuore
non smetta
di ascoltare
il suo.

K. Gibran

25 gennaio

26 gennaio

27 gennaio

28 gennaio

Che cosa c'è
di più dolce,
che avere
qualcuno
con cui
poter dire
ogni cosa
come
a se stesso?

M.T. Cicerone

29 gennaio

30/31 gennaio

1 febbraio

L'amicizia
non ha bisogno
di molte parole
perché
si alimenta
di molte
certezze.

2 febbraio

3 febbraio

4 febbraio

5 febbraio

Per un amico
fedele
non c'è prezzo.
Chi lo trova,
trova un tesoro.

Libro del Siracide

6 febbraio

7 febbraio

8 febbraio

9 febbraio

10 febbraio

11 febbraio

12 febbraio

13 febbraio

I sapori
della vita
coincidono
quasi sempre
con quelli
dell'amicizia.

14 febbraio

15 febbraio

16 febbraio

L'amicizia
è la più dolce
di tutte
le dolcezze
della vita.

Sant' Agostino

Siate gli amici
di Dio
e degli uomini.

Gregorio di Nazianzo

17 febbraio

18 febbraio

19 febbraio

L'uomo
senza amici
è come la destra
senza
la sinistra.

Proverbio rumeno

20 febbraio

21 febbraio

22 febbraio

23 febbraio

Un amico
vuol bene
sempre:
è nato
per essere
un fratello
nella sventura.

Libro dei Proverbi

24 febbraio

25 febbraio

26 febbraio

L'amicizia
fa nascere
la vita
in un deserto
di morte,
la gioia
in un deserto
di solitudine.

Lambert Noben Mo

27 febbraio

28/29 febbraio

1 marzo

2 marzo

Beati
due amici
che si conoscono
abbastanza
per poter tacere
anche quando
si trovano
insieme.

3 marzo

4 marzo

5 marzo

L'amicizia
è fra i maggiori
e più dolci beni
che l'uomo
possa avere
in questo
mondo.

G. Savonarola

6 marzo

7 marzo

8 marzo

9 marzo

L'amico
è la persona
a cui
si confidano
i segreti
più intimi
del cuore.

D.M. Turoldo

10 marzo

11 marzo

12 marzo

Non
aver fretta
di cercare
nuovi amici:
è meglio
conservare
i vecchi.

L'amicizia vera
ha la gratuità
di un fiore.

Aristotele

13 marzo

14 marzo

15 marzo

Chi cerca
un amico
senza difetti
si troverà
senza amici.

Proverbio

16 marzo

17 marzo

18 marzo

19 marzo

«Ho fatto
l'arcobaleno»,
dice Dio,
«come prova
di amicizia
con gli
uomini».

20 marzo

21 marzo

22 marzo

Dio
non ha creato
frontiere...
Il mio obiettivo
è l'amicizia
con il mondo
intero.

M.K. Gandhi

23 marzo

24 marzo

25 marzo

26 marzo

Una
delle gioie
dell'amicizia
è di avere
qualcuno
a cui confidare
un segreto.

A. Manzoni

27 marzo

28 marzo

29 marzo

Un amico
è sicuro
quando
la nostra
posizione
non lo è più.

M.T. Cicerone

30/31
marzo

1 aprile

2 aprile

3 aprile

Un gesto
di amore
moltiplica
gli amici.

Libro del Siracide

4 aprile

5 aprile

6 aprile

L'amicizia
si alimenta
della gioia
di scoprirsi.

A. Paoli

Potrai
raccogliere
tesori
d'ogni genere,
ma nulla vale
quanto
un amico
sincero.

G. Crisostomo

7 aprile

8 aprile

9 aprile

Per farsi
un amico
bisogna
chiudere
un occhio,
per conservarlo
bisogna
chiuderli
tutti e due.

10 aprile

11 aprile

12 aprile

13 aprile

«Non
vi chiamo
più servi
ma amici».

Gesù

14 aprile

15 aprile

16 aprile

Molti siano
i tuoi amici,
ma uno solo
fra tutti
quello in cui
confidi.

Libro del Siracide

17 aprile

18 aprile

19 aprile

20 aprile

21 aprile

22 aprile

23 aprile

24 aprile

Chi è amico
vuol bene
in ogni tempo:
è un amico
per i giorni
tristi.

G. Paoli

25 aprile

26 aprile

27 aprile

28 aprile

Il vero amico
appare
e scompare
nell'ora giusta.

Libro del Siracide

29/30 aprile

1 maggio

2 maggio

Non vi è amore più grande di questo: dare la vita per i propri amici.

Gesù

L'amicizia è il vostro bisogno saziato.

K. Gibran

3 maggio

4 maggio

5 maggio

L'amicizia
è la ricerca
di quella terra
inesplorata
che è Dio
nell'amico.

R. Tagore

6 maggio

7 maggio

8 maggio

9 maggio

Sii amico
di tutti,
ma a uno solo
apri
il tuo cuore.

Libro del Siracide

10 maggio

11 maggio

12 maggio

L'amicizia
non è guardarsi
negli occhi,
ma guardare
nella stessa
direzione.

A. Saint-Exupéry

13 maggio

14 maggio

15 maggio

16 maggio

Una parte
della tua vita
sia
per gli amici.

M.T. Cicerone

17 maggio

18 maggio

19 maggio

L'amicizia
è più necessaria
del fuoco
e dell'acqua.

Aristotele

20 maggio

21 maggio

22 maggio

23 maggio

Un amico
fedele
è balsamo
di vita.

Libro del Siracide

24 maggio

25 maggio

26 maggio

Nessun bene
è dolce
se non è
condiviso
con gli amici.

Seneca

I vecchi amici
sono
come il vino:
migliorano
invecchiando.

27 maggio

28 maggio

29 maggio

Avere
un amico fedele
è una grande
felicità.

Libro del Siracide

30/31 maggio

1 giugno

2 giugno

3 giugno

Solo gli amici
sanno parlare
e tacere
insieme.

4 giugno

5 giugno

6 giugno

Il profumo
e l'incenso
allietano
il cuore;
la dolcezza
di un amico
rassicura
l'anima.

Libro dei Proverbi

7 giugno

8 giugno

9 giugno

10 giugno

L'affinità
profonda
che sentiamo
con l'altro
è accorgersi
che l'altro
ci completa
e noi
completiamo
lui.

F. Alberoni

11 giugno

12 giugno

13 giugno

Il desiderio
di amicizia
sorge
rapidamente
ma
la vera amicizia
no.

Aristotele

14 giugno

15 giugno

16 giugno

17 giugno

L'amicizia
senza fiducia
è come un fiore
senza profumo.

18 giugno

19 giugno

20 giugno

La prima
legge
dell'amicizia è
che a un amico
si devono
chiedere
solo cose
oneste.

M.T. Cicerone

Chi è amico
ama sempre,
anche se
rimproverato,
anche se offeso,
anche se messo
sul fuoco.

A. di Rievaulx

21 giugno

22 giugno

23 giugno

L'estraneo,
forse,
è un amico
che ancora
non conosci.

24 giugno

25 giugno

26 giugno

27 giugno

28 giugno

29/30 giugno

La distanza
fa a volte
più cara
l'amicizia,
e l'assenza
la fa più dolce.

J. Howel

1 luglio

2 luglio

3 luglio

4 luglio

5 luglio

6 luglio

Se l'amico
vi confida
il suo pensiero
non
nascondetegli
il vostro.

K. Gibran

7 luglio

8 luglio

9 luglio

Un amico
è uno che sa
tutto di te
e, nonostante
questo,
continua
ad amarti.

10 luglio

11 luglio

12 luglio

13 luglio

A volte
riconosciamo
più volentieri
dei meriti
ai nemici
che non agli
amici.

C. Chincolle

14 luglio

15 luglio

16 luglio

L'amicizia
raddoppia
le gioie
e divide i dolori
a metà.

F. Bacon

Troviamo
più dolcezza
nell'amicizia
quando
gli amici
ci raccontano
le loro pene,
che non quando
ci raccontano
le loro gioie.

Coeuilhe

17 luglio

18 luglio

19 luglio

Solo
nell'avversità
si afferma
la forza umana,
e la fedeltà
dell'amico
si sperimenta
soltanto
nella tempesta.

Körner

20 luglio

21 luglio

22 luglio

23 luglio

24 luglio

25 luglio

26 luglio

27 luglio

Nella rugiada
delle piccole
cose
il cuore
degli amici
si conforta.

K. Gibran

28 luglio

29 luglio

30/31 luglio

1 agosto

All'amico
e al saggio
si può
e si deve dire
ogni cosa.

A. Caro

2 agosto

3 agosto

4 agosto

Il falso amico
è come l'ombra,
che ci segue
soltanto
finché dura
il sole.

C. Dossi

5 agosto

6 agosto

7 agosto

8 agosto

Coltiva
l'amico:
egli è un tesoro.

Libro del Siracide

9 agosto

10 agosto

F.M.-Fedre

11 agosto

Si può essere
preparati
a tutto,
ma non
all'ingratitudine
di un amico.

F. Pananti

L'oro vero
si conosce
alla prova.
Così l'amicizia.

Leonardo da Vinci

12 agosto

13 agosto

Don

14 agosto

Lun

	15 agosto	16 agosto	17 agosto
La quantità degli amici è spesso in ragione inversa del loro valore. C. Fiessinger		Padre Alberto Vigorelli Parroquia Santa Rosa del Carmen	

AP 2858 LIMA 100 PERU

18 agosto		19 agosto	20 agosto
	L'amico certo si riconosce nei pericoli e nelle sventure. M.T. Cicerone		

21 agosto

L'amicizia
è come
la musica:
due corde
egualmente
intonate
vibreranno
entrambe,
anche
se ne toccate
solo una.

Quarles

22 agosto

Caro Gesù
Ti prego per
P. Gino fa che stia
bene e che il
prossimo anno lo
rivedremo a
Spoleto

23 agosto

Vene
24 agosto

25 agosto

Sabato
26 agosto

domenica
27 agosto

28 agosto

29 agosto

Felice la casa
che accoglie
un amico.

Emerson

30/31 agosto

1 settembre 2000

Venerdì

2 settembre

3 settembre

Ho rinunciato
all'amicizia
di due individui:
del primo
perché
non mi ha mai
parlato di sé,
dell'altro
perché
non mi ha mai
parlato di me.

Chamfort

4 settembre

5 settembre

6 settembre

Ti amerò
nonostante
tutto.
Ti amerò
se sei stupido,
se sbagli,
se commetti
errori.

L. Buscaglia

Ero irato
col mio amico:
glielo dissi,
e la mia ira
sbollì.
Ero irato
col mio nemico:
non glielo dissi,
e la mia ira
inacerbì.

W. Blake

7 settembre

Giovedì

8 settembre

9 settembre

Amare
una persona
significa
vederla
come Dio
voleva
che fosse.

F. Dostoevskij

10 settembre

11 settembre

12 settembre

13 settembre

L'amicizia
vera è generata
e mantenuta
dalla virtù;
e senza virtù
non può
esistere
amicizia.

M.T. Cicerone

14 settembre

15 settembre

16 settembre

Ci si
comprende
quando
si è amici,
quando
ci si sa
guardare
negli occhi
senza temersi.

A. Majo

17 settembre

18 settembre

19 settembre

CH. M. Feba

20 settembre

I malvagi
hanno soltanto
dei complici,
i gaudenti
dei compagni
di baldoria,
i politici
dei partigiani,
ma solo chi è
virtuoso
ha amici.

Voltaire

21 settembre

22 settembre

23 settembre

Ogni regalo
che ti fa
un amico
è un augurio
di felicità.

R. Bach

24 settembre

Domenica

25 settembre

Lunedì

26 settembre

Martedì

27 settembre

Mercoledì

Riprendi
l'amico
in segreto
e lodalo
in palese.

Leonardo da Vinci

28 settembre	29/30 settembre	1 ottobre	
Gio [illegible]	Venerdì Sabat [illegible]	Domenica	**G**li amici sono come le corde di una cetra: producono al tocco una musica piacevolissima. — G. Crisostomo

	2 ottobre	3 ottobre	4 ottobre
Amare vuol dire chiamare l'altro all'esistenza, farlo essere di più. — E. Fromm	Lun	Mart	Merc

S. Renato

L'amicizia
fu la chiave
offerta all'uomo
perché così
egli riaprisse
la porta di casa.

A. Levi

5 ottobre

AMARE VUOL DIRE RENDERE FELICE L'ALTRO AMANDOLO E ACCOGLIENDOLO COSÌ COM'È SENZA TENTARE DI CAMBIARLO

6 ottobre

7 ottobre

8 ottobre

Io ho bisogno
dell'altro
per potermi
riscoprire,
per poter sapere
che sono
una persona.

J. Arias

9 ottobre

10 ottobre

11 ottobre

Agli amici
non basta
l'affetto:
la presenza fisica
è essenziale:
se viene meno,
è sottratta
una parte
non lieve
della gioia che
l'amore procura.

G. Crisostomo

12 ottobre

13 ottobre

14 ottobre

15 ottobre

Con l'amico
io posso
pensare
la mia vita
interiore
ad alta voce,
perché lui
mi comprende
e io
lo comprendo.

A. Majo

16 ottobre

17 ottobre

18 ottobre

Gli uguali
si attraggono.
Devi
semplicemente
essere
quello che sei,
calmo, limpido
e luminoso.

R. Bach

19 ottobre

20 ottobre

21 ottobre

22 ottobre

23 ottobre

24 ottobre

25 ottobre

26 ottobre

Voi che avete
la vocazione
all'amicizia...
state attento
che non diventi
una passione.
Fra tutte,
è la sola di cui
non si guarisce
mai.

G. Bernanos

La rivelazione
dell'amico
non è
insegnamento.
È un arrivare
insieme
alla stessa
conclusione
da punti
di vista diversi.

F. Alberoni

27 ottobre

28 ottobre

29 ottobre

La comunione
è sempre
uno sforzo
per entrare
più nel mondo
dell'altro,
ma esso
è terribilmente
delicato,
timoroso,
complesso.

J. Arias

30/31
ottobre

1 novembre

2 novembre

3 novembre

Nessuno
sceglierebbe
di vivere
senza amici,
anche se avesse
tutti
gli altri beni.

Aristotele

4 novembre

5 novembre

6 novembre

Buono Domenico
Zona Teatro
Città
Teodolo
00100
ROMA

L'unico modo
per avere
un amico
è essere
un amico.

Emerson

7 novembre

8 novembre

9 novembre

10 novembre

Non è
possibile
amare gli altri
se prima
non amo
me stesso,
perché
io non posso
donare quello
che non amo.

J. Arias

11 novembre

12 novembre

13 novembre

Chi muore
senza portare
nella tomba
almeno
una pedata
ricevuta
in dono
da
qualche amico?

Shakespeare

14 novembre

15 novembre

16 novembre

17 novembre

Chi definì
l'amico
metà
della propria
anima,
lo definì
molto bene.

Sant'Agostino

18 novembre

19 novembre

20 novembre

Se desideri
essere accanto
a qualcuno
che ami,
non ci sei forse
già?

R. Bach

L'amico
della persona
che ti è cara
ti sia anch'esso
caro.

Proverbio

21 novembre

22 novembre

23 novembre

L'amico
sicuro
si vede quando
la situazione
è malsicura.

Frammento
delle tragedie
di Ennio

24 novembre

25 novembre

26 novembre

27 novembre

La salda
amicizia
consiste
nel volere
e non volere
le stesse cose.

Sallustio

28 novembre

29/30 novembre

1 dicembre

Amicizia
che cessa
non fu mai
vera.

Proverbio

2 dicembre

3 dicembre

4 dicembre

5 dicembre

L'incontro
è fare
un pezzo
di strada
insieme
verso la propria
identità.

F. Alberoni

6 dicembre

7 dicembre

8 dicembre

L'amico
si cerca
a lungo,
si trova
a stento,
si conserva
difficilmente.

Girolamo

9 dicembre

10 dicembre

11 dicembre

12 dicembre

Nessuno
è amico
di chi
ha molti amici.

Aristotele

13 dicembre

14 dicembre

15 dicembre

L'amicizia
vuole un po'
di mistero.
Nominarla
a ogni
occasione
significa
profanarla.

Molière

16 dicembre

17 dicembre

18 dicembre

I veri amici
sono i solitari
insieme.

A. Bonnard

Da molto
tempo si parla
del tempio
dell'amicizia
e si sa
che esso è poco
frequentato.

Voltaire

19 dicembre

20 dicembre

21 dicembre

22 dicembre

Una nuova
persona
è per me
un grande
evento,
che m'impedisce
di dormire.

Emerson

23 dicembre

24 dicembre

25 dicembre

Sempre un dio
conduce
il simile
verso
il suo simile.

Omero

26 dicembre

27 dicembre

28 dicembre

29 dicembre

Chi
è nostro amico
ci ama,
ma chi ci ama
non è
per questo
nostro amico.

Seneca

30/31
dicembre

2ª edizione, 1997

Scelta dei testi
a cura della redazione

Copertina di Renzo Fenoglio

PAOLINE Editoriale Libri

Via Francesco Albani, 21 - 20149 Milano
Distribuzione: Diffusione San Paolo s.r.l.
Corso Regina Margherita, 2 - 10153 Torino